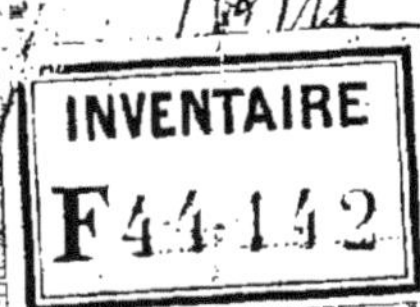

JUSTICE MILITAIRE.

CONSULTATION POUR L'ARMÉE.

Et ad huc sub judice lis est.

HOR.

PAR

SAINTE-CHAPELLE,

Secrétaire particulier du Maréchal Gouvion-Saint-Cyr,
à la Guerre et à la Marine.

PARIS,

Anselin, rue et passage Dauphine.   Levrault, rue de la Harpe, 81.
Treuttel et Würtz, rue de Lille, 17.   Bréauté, passage Choiseul, 39.
Barba, Palais-Royal.   Dauvin et Fontaine, Panorama, 35.
Delaunay *idem.*   Amiot, rue de la Paix, 6.
Dentu, Galerie vitrée *idem.*   Bohaire, Boulevard des Italiens.
Leclaire, rue Haute-Feuille, 14.   Laisné, passage Vérot-Dodat.
Tetot Frères, Panorama 43.   Mme Paul, Galerie de l'Odéon, 12.

1837.

F

JUSTICE MILITAIRE.

CONSULTATION POUR L'ARMÉE.

En législation, quelle que soit l'espèce, ce n'est pas
un acte du pouvoir qui lie seul les hommes, et commande à leur conscience ; c'est bien plutôt encore le
sentiment intime de la justice et l'impression commune
de l'à-propos ou de la nécessité.

Il existe, pour toutes masses sociales, en habitude
des mêmes intérêts et des mêmes conditions, un sens
intérieur qui ne les trompe jamais sur le but d'une loi
nouvelle, sur son opportunité, ses garanties et sa
consécration.

Dès qu'un gouvernement bien inspiré dans ses desseins
d'ordre et de paix, a frappé l'opinion d'un projet, noble,
urgent, indispensable ; c'est alors que de toutes parts
aussi, on en trouve spontanément l'intention généreuse,
le moment décisif, le sujet digne des vœux et de la
reconnaissance.

Il y a long-tems déjà que, sous un régime de régénération constitutionnelle, qui date de près d'un quart
de siècle, l'armée Française aurait pu sans doute avoir
elle-même un code de discipline judiciaire, avec ses

sujetions et ses peines toutes légales, avec des sauve-
gardes et des recours, fixes, sacrés; car depuis 1814
la force nationale, comme toutes les classes de l'Etat,
se trouvait certainement en droit d'obtenir, près des
Chambres et du Trône, des institutions plus protectri-
ces que jamais dans leurs commandemens, et des organisations pénales plus sûres aussi et plus justes dans
leurs rigueurs. (Note A.)

En effet, comment jusqu'ici cette armée, centre glorieux d'une population d'anciens et de nouveaux défenseurs de notre existence politique, n'a-t-elle pas
encore été appelée à se régir honorablement elle-même:
d'abord, par harmonie de charges et de devoirs *avec la
vie civile*, A LA PAIX; puis ensuite, par communauté de
gages et de sûretés, *avec l'ordre social*, A LA GUERRE?

C'est à coup sûr, après tant d'années d'atteintes et
de punitions sans rapport avec les fautes, après tant
d'arrêts et de sentences sans analogie avec l'espèce,
sans accord trop souvent avec la clémence et même la
pitié, qu'il devient impossible de ne pas aborder franchement une des plus hautes questions d'Etat : celle de
soumettre enfin, par un vote public, étudié, réfléchi,
le code de la justice de nos légions, à toute la dignité
d'une discussion libre et nationale.

S'il est permis d'exprimer, en cette circonstance,
une pensée de conviction, jaillissant des grandes jour-
nées de Juillet; c'est à la France, dans son état actuel
de prééminence sociale, qu'il appartient d'ouvrir une
délibération solennelle sur la discipline applicable aux
armées d'aujourd'hui, sur la législation répressive dont
les drapeaux d'un peuple puissant et tranquille, auraient
dorénavant à subir l'empire, en présence des nations.

Il n'existe, on le pense, aucune raison pour craindre
d'aborder désormais avec éclat une discussion qui se
rattache essentiellement, et de tous côtés, à la paix
publique, à la sainteté des devoirs, à la gloire des
armes, à l'amour du prince, à l'exaltation de la vaillance, enfin, à l'honneur Français.

Puisque déjà les lois qui président à nos grandes institutions civiles, commerciales et criminelles, ont obtenu de l'étranger l'hommage d'emprunts tout glorieux pour notre patrie; il faut ici qu'avec la nouvelle organisation judiciaire de nos armes, les contempteurs et les ennemis même de notre indépendance ou de notre illustration, soient incessamment contraints dé nous disputer encore, par envie, par amour-propre, la sagesse de nos doctrines militaires, leur suprématie de raison, et leurs règles, et leur inviolabilité.

Ainsi, dans cette préméditation, en face de l'Europe attentive, l'esprit nouveau de nos principes guerriers doit apparaître ce qu'il est : c'est-à-dire, en fait de lois, soumis et religieux ; en fait d'honneur, impassible et sévère; en fait d'exemples, grand et magnanime.

Si le caractère Français s'élève selon les sujets et les temps, c'est aujourd'hui qu'on peut compter sur sa dignité et ses plus nobles impressions, puisqu'il s'agit, au milieu de toutes nos améliorations civiles, et sur l'appel généreux de l'opinion, d'examiner, pour les drapeaux eux-mêmes, une législation définitive qui fixe désormais leurs sujétions et leurs devoirs, atteigne leurs écarts et leurs délits, réprime ou punisse leurs violences et leurs désordres, en consacrant néanmoins partout au respect, leur dévouement et leur gloire.

Quoique le sujet soit au fond tout militaire, il peut, cependant, se considérer moins isolément; car, dès qu'il s'agit d'armes et de discipline, c'est une question d'existence publique, une question gouvernementale.

Vraiment, qui ne sait pas qu'en droit social imprescriptible, tout Français doit son service au Prince; son bras, son sang, au pays; qu'un appel de la loi commune range immédiatement des populations entières sous un régime spécial de vie et de mort, loin de la famille et des foyers. (Note B.)

Par conséquent, un code pénal militaire est une trop grande combinaison de sûreté publique, pour que les citoyens et leurs défenseurs, pour que les Conseils de l'Etat et la nation toute entière, n'y trouvent pas matière à de mures réflexions, à de graves responsabilités, à de hauts, à de sérieux engagemens.

Toutefois, avant d'en venir à l'examen d'une loi nouvelle pour les drapeaux, avant d'en faire un code définitif de pénalité militaire, et de le soumettre à l'épreuve de discussions profondes, dans un moment néanmoins où, pour la France et pour l'armée, tout favorise l'étude et la méditation; il semble indispensable de remonter, par le souvenir, à ces législations alternatives qui trop long-temps ont disposé des droits et des garanties des défenseurs de l'Etat, de leur fortune et de leur existence, au gré des événemens et des passions : d'abord, par fougue et furie; ensuite, par despotisme sourd et vague; bientôt après, par oppression éclatante et triomphale, et dernièrement encore, par aveuglement et fanatisme.

L'histoire de nos temps de troubles et de commotions, de nos années de victoires et de grandeurs, de nos époques récentes de déchiremens et de dislocation, fera ressortir plus évidemment, aux yeux de la patrie et de l'Europe, ce qu'une charte des armes, conçue et adoptée de nos jours, doit avoir aussi de sacré et d'inviolable, ce qu'il faut en proscrire par honte, et ce qu'on ne peut trop y faire briller, par respect et par juste orgueil.

En général, dans les perceptions habituelles, dans l'entraînement des traditions, c'est la comparaison des choses et des temps, l'opposition des faits et des retours, qui forment de nouvelles idées, rectifient d'anciennes impressions, amènent d'autres mœurs, d'autres vérités, et font triompher enfin d'autres pensées de redressemens, d'autres moyens de perfection.

Quand l'armée, mise à l'épreuve des premières secousses politiques, en 1789, resta si long-temps impassible encore au milieu des provocations et des désordres; lorsqu'à la voix du Prince, sous l'invocation seule d'une discipline antique, humiliante et toute servile pour le soldat, elle sut conserver le respect de ses lois propres, repous-ser les récriminations, attendre elle-même, de la volonté nationale, un régime, une restauration plus civiques et imminens; ce fut alors que l'Assemblée Constituante, effrayée de perturbations universelles, mais confiante avec raison dans la sagesse des armes devenues nationales, fit paraître, après les élaborations honorables de son Comité militaire, ce premier décret du 29 octobre 1790, qui régla, sous l'autorité suprême du Roi, en présence des désordres et des agitations de l'intérieur, la compétence des tribunaux des troupes, leur établissement, leurs juridictions, et leurs formes spéciales, et leur pénalité. (Note C.)

Mais déjà la confusion s'était introduite dans le domaine des hauts pouvoirs et jusque dans le sanctuaire de la justice : les Cours du royaume et les Conseils de l'Etat étaient en division complète; chacun réclamait des droits; chacun s'attribuait des évocations; l'armée elle-même, comme fraction civique, comme force nationale, donna lieu, dans son service au milieu des citoyens, à des appels, à des interventions qui lui firent prendre d'autres tours de discipline, d'autres obligations de rapports et de subordinations militaires.

Tout le monde, ici, peut se rappeler l'époque où l'officier commandant une place de guerre, une ville ouverte, un hameau, un corps-de-garde, devait chaque jour, malgré la spécialité du régime des armes, se présenter, à toute heure, aux corps municipaux, aux procureurs du roi, aux commissaires de police, pour recevoir des consignes, prendre des mots d'ordre et se voir tour-à-tour défendre des actes de discipline, ou prescrire des mouvemens de troubles et d'anarchie.

Cette première époque de l'asservissement des lois militaires aux prétentions des magistratures locales, se trouva suivie trop tôt encore d'un temps plus désordonné, plus turbulent, à l'égard de la juridiction de l'armée; ce fut, sous la seconde législature et la Convention, que les épreuves des défections et de l'embauchage, que le déchaînement des classes supérieures et de l'étranger, amenèrent coup-sur-coup les résistances et les expatriations, les tumultes et les guerres civiles ; on fut coupable alors partout au même titre et justiciable partout des mêmes préventions, des mêmes aveuglemens ; la compétence des tribunaux militaires, leurs formes, leurs garanties, disparurent à la fois devant de hautes cours nationales, devant des commissions révolutionnaires, devant des proconsuls et des parquets, libres à l'envi de leurs appels, et maîtres absolus de leurs jugemens.

Si l'impassibilité des armes parut jamais admirable, ce fut en ces temps, où malgré les lois les plus éclatantes, malgré les repoussemens de la pudeur publique, on vit des pouvoirs inconnus, des autorités insurrectionnelles, s'arroger le droit d'être implacables aux drapeaux, se disputer la honte d'en repousser l'humanité, ou de l'y convertir en crime, en attentat. (Note D.)

Lorsque les émigrés, les fugitifs, les vaincus ; lorsqu'en un mot, toutes les victimes des troubles intérieurs ou des événemens de guerre, obtinrent si souvent, en ces jours terribles, protection et sûreté, sous l'égide de l'armée la plus généreuse et la plus nationale ; ce ne fut pas, on le sait, avec ses consignes et sa juridiction, toutes d'honneur, qu'on voulut lui faire porter la peine de ses vertus guerrières, lui ravir et massacrer ses hôtes, ses compagnons, ses prisonniers ; ce fut avec des proclamations de frénésie, avec des décrets de sang, repoussés par l'indignation, ou méconnus par l'héroïsme.

Cependant cette armée qui dérobait si vaillamment ses captifs et ses ennemis à la fureur de réactions impitoyables, subissait pour elle-même et ses généraux, toutes les violences des temps, sans récriminations, et s'avançait, plus calme, plus inébranlable encore, vers ces champs de bataille où l'indépendance du pays devait, à force de patriotisme et de longanimité,

triompher enfin des invasions étrangères et des déchaî-
nemens de l'Europe.

Il fallut que de nouvelles révolutions arrivassent
pour faire cesser l'oubli des lois, rappeler les pouvoirs
à la raison, rendre l'armée à ses garanties, chaque
classe à ses recours, chaque délit à ses juges.

Mais un gouvernement ténébreux et louche; un
Directoire exécutif, timoré et provocateur, ne tardè-
rent pas à remettre l'armée et la France, la paix et la
victoire, sous la main de l'anarchie et des machina-
tons, sous le coup des déportemens et des lâchetés :
les drapeaux durent compte de leurs défenseurs, de
leurs opinions, de leur magnanimité; une législation
nouvelle de désaccords et de frayeurs, embrassa la
discipline des troupes et la police des grands chemins,
la paix des foyers et l'existence des familles; alors les
camps et la Cité furent en suspicion; le père et le fils,
en otage; le général, en réforme; le soldat, en surveil-
lance.

Néanmoins ce fut sous ce règne indécis et diffamé
qu'on vit proclamer un code tout explicite des délits et
des peines militaires; qu'on forma des conseils de
poursuite et de révision; que l'armée sembla même
obtenir seule, et de préférence, dans la confusion des
actes publics, quelques témoignages de raison et de
justice : mais rien n'eut encore, en ces temps, son cachet
propre, son exécution sûre et avouée; les citoyens
frappés par les lois martiales, les troupes aviles par
des répressions de police bourgeoise, perdirent encore
une fois leurs gages, leurs caractères et leurs recours;
on saisit, et l'on jeta dans les mêmes cachots, le fac-
tieux et le déserteur; on déporta et l'on fit périr au
loin, le législateur et le général; on révolutionna les
Conseils et décima les régimens; tout fut jugé, sans
distinction, par la même forme, à huis clos; et quand
on fit de l'esclandre, ce fut par peur et pour se donner
raison. (Note E.)

Le Consulat aurait pu sans doute, en se tenant dans

sés premières voies, si droites, si honorables, ramener toutes les institutions de l'intérieur et de l'état militaire national, à des combinaisons plus sages, à des rapports plus sociables; mais quelques lueurs d'espérance, quelques manifestations de hautes vues, n'établirent sitôt des relations paisibles entre les citoyens, et des harmonies heureuses au milieu des troupes, que pour faire sentir incessamment le contraste des choses et des vœux, l'opposition de l'attente et des faits : la France et l'armée surtout, passèrent donc sous une espèce de législation d'appareil, qui, pour avoir beaucoup promis, n'eut bientôt plus que des surprises, que des interprétations arbitraires, que des envahissemens et des détours machiavéliques.

Alors, un pouvoir, déjà si grand, si illustre, abusa de la juridiction des armes pour destituer et rayer des contrôles, sans accusation; pour frapper des rivaux et punir des répugnances, sans égards; pour atteindre, pour surpendre, sans remords, une haute imprudence, et la sacrifier sans grâce. (Note F.)

L'époque où les armes françaises eurent à coup sûr le plus d'illustrations et le plus d'asservissemens, fut celle de ce gouvernement impérial qui couvrit l'Europe de ses légions, qui la démembra de conquête en conquête, et la fit tant de fois passer sous l'épée, en vassale humble et tremblante.

Si la gloire nationale doit encore aujourd'hui défendre aux contemporains de toucher à de beaux lauriers, de porter atteinte à de grands, à d'héroïques souvenirs; cependant, puisque la nouvelle exaltation de la France tient maintenant à d'autres retours; que ce sont les lois, les institutions sociales, qui doivent désormais consacrer pour nous des supériorités plus impérissables que celles des batailles : jetons du moins en arrière un regard appréciateur sur la législation qui, dans ces temps, régit des armées, fières des plus magnifiques triomphes.

Eh bien! alors, l'état militaire de la France, si

grande, si glorieuse, n'eut pour sa discipline et ses be-
soins, pour ses grâces et ses récriminations, pour ses
jugemens et ses recours, enfin pour son existence et son
honneur, que des bulletins, des décrets, un geste, une
volonté : mais aussi, en ces temps prodigieux, ce fut un
mot, un sourire, ou bien un froncement de sourcil,
qui disposèrent, sans plus, des dynasties et des trônes.
(Note G.)

Une dernière époque nous reste à rapprocher de la
mémoire , sous le rapport des garanties dues à la force
nationale ; sous le rapport de sa subordination et de
son respect ; c'est la catastrophe de l'invasion euro-
péenne. Alors l'étranger plein de fiel, suffoqué de ran-
cune et de vengeance, trouva des passions à déchaîner,
des infamies et des lâchetés à couvrir de ses baïonnettes;
l'armée la plus calme, la plus impassible au milieu de
tant de défections et de désastres, fut méconnue, avilie,
dispersée; on lui fit l'application de toutes les violences;
elle n'eut à invoquer, ni services, ni lois, ni promes-
ses, ni tribunaux; personne ne lui cita non plus, ni
fautes, ni délits, ni codes, ni sentences; elle fut coupable en bloc, et condamnée en masse.... (Note H.)

Si telles ont été les désolations de chaque époque ,
c'est à présent qu'il convient de passer en revue aussi les
prérogatives légitimes et les sujétions rationnelles dont
l'état militaire du pays avait pu, du moins, sous chaque régime, se prévaloir, d'une part, avec confiance ,
comme droits acquis aux drapeaux, ou se consoler ,
de l'autre, avec résignation, comme nécessités commu-
nes aux armes.

Ainsi, l'on rappellera d'abord, sommairement, les ba-
ses essentielles des réformations que l'armée obtint
dans son Code pénal de 1790, à l'ouverture d'un règne
si riche d'espérances et si plein de calamités : c'est de
ce point de départ qu'il faut procéder pour reconnaître
plus positivement encore aujourd'hui ce que peut vouloir le Prince, ce qu'attendent les drapeaux, ce que
commande la civilisation.

C'est à coup sûr aussi, d'aujourd'hui même, qu'il est permis de croire que l'armée nationale ne se retrouvera plus, pour sa législation et son existence, ni sous le poignard des restaurations étrangères, ni sous les fascinations de l'Empire et les déceptions du Consulat, ni sous la bassesse du Directoire et la frénésie des discordes anarchiques; que ce sera bien plutôt le génie même de nos premières régénérations qui réglera de nouveau et pour toujours, l'organisation judiciaire de la force armée, dans toutes ses positions, à la paix, à la guerre, sous le toit paternel et loin de la famille.

A cette époque de 1790, saluée de tant de vœux, il fut reconnu que l'état militaire faisait exception aux lois de la Cité, à la jurisprudence des foyers; que les drapeaux se régiraient donc par une législation exclusive et manifeste; que la base en serait *l'honneur*, et le principe, *le devoir;* qu'il y aurait des formes de procédures tutélaires, des espèces de juridictions, positives, inviolables; que les conseils de discipline connaîtraient des fautes de service et de police intérieures ; les conseils de guerre, des délits d'armes et des répressions plus coupables; les cours martiales, des crimes et des forfaitures; que chaque catégorie, bien spécifiée, aurait ses peines plus ou moins graves; que la publicité serait acquise aux débats; qu'il y aurait appel et révision, défense libre et respect pour le malheur; que la gêne, avant et après la condamnation, serait une tyrannie; que la prison et le cachot seraient de ∽ asiles sûrs et salubres; que la mise en cause deviendrait une simple présomption, accompagnée d'égards; que tout arrêt serait solennel, toute notification imminente et faite avec dignité; que le militaire absous reprendrait son rang, son grade, et tous ses droits; que le coupable condamné resterait sous la protection de la force publique; qu'il ne serait atteint que par la loi, et dans ses termes, et selon ses rigueurs. (Note I.)

Si quelques projets de *Code*, présentés éventuellement

aux Chambres, depuis trois ans, avaient, au fait, renfermé ces gages de convenances humaines et de supériorités sociales, on n'aurait sans doute, encore aujourd'hui, rien à demander, rien à reprendre, rien à refaire, pour avoir aussi bien et mieux; mais voilà précisément l'objet d'un examen plus impérieux que jamais, auquel on se presse d'arriver, impartial et confiant.

D'abord, il est à regretter que dans les élaborations fugitives offertes tour-à-tour à la discussion des Conseils de l'État, en faveur des armes, et lorsqu'on avait devant soi tant de belles manifestations, toutes avouées en principe, on n'ait pas commencé une seule fois par consacrer quelques articles à définir la juridiction propre des drapeaux, leur indépendance de toute action politique et civile. Cependant une distinction claire, positive, devrait précéder, *avant tout*, une organisation judiciaire, fixe, invariable.

C'était là qu'il devenait indispensable de redire hautement, pour introduction naturelle et retentissante :

« Que l'armée, à l'égard de l'administration de la
» justice, est placée sous un régime à part et inviolable;
» que les personnes, les rangs, les grades, les emplois
» et fonctions quelconques, reconnus aux drapeaux et
» à leur suite, par un titre authentique, restent de
» fait et de droit, sous la sauvegarde de cette première
» maxime d'Etat. »

Une disposition, toute aussi essentielle, exigeait qu'on donnât ensuite l'explication et la limite de la justice militaire, comme on la concevait, et qu'il fut décidé du moins; par exemple :

« Qu'elle s'étend aux fautes, délits et crimes com-
» mis en service réel des armes, et pour faits, propos,
» insultes, forfaitures, d'espèce militaire, d'après les
» lois et les ordonnances régissant l'armée ;
» Que toute faute, propos, délit, crime ou forfai-
» ture, du fait de militaires, hors du temps de service
» et de l'action légale des armes, seraient réputés

» fautes, propos, délits, crimes et forfaitures d'ordre
» civil, et jugés par les tribunaux ordinaires ;
 » Qu'au reste, dans les cas imprévus d'incertitude
» et de doute, le Conseil d'État, en sections assemblées,
» donnerait son avis, et qu'une ordonnance du Roi
» prononcerait *l'exéquatur*.

Après de pareils oublis, si graves pour les premières
garanties dues à la société et à l'armée, il ne paraissait
pas conséquent non plus, dans les divisions d'un travail progressif, de procéder tout d'abord, par l'institution de tribunaux de troupes en face de l'ennemi ; car
avant d'entrer en campagne, on se forme, on s'orga-
nise sur le territoire ; c'est même là, qu'avant d'avoir
subi l'esprit de la discipline ordinaire, les fautes ou les
désordres, les délits ou les écarts, prennent naissance
plus habituellement, par inexpérience d'âge ou regrets
des foyers, par défaut d'aptitude martiale ou de voca-
tion belliqueuse.

En disposant donc, sous ce rapport, d'après l'ordre
même des gradations de la jurisprudence et de la pénalité, c'était par des conseils de discipline, dans les
corps, qu'il semblait plus naturel d'ouvrir le Code de
la justice armée, pour passer ensuite, sans trop éton-
ner les esprits d'aggravations de formes et de rigueurs,
à l'organisation des conseils de guerre de l'intérieur, à
celle des tribunaux des places en état de siége, et définitivement, aux cours martiales d'armées et corps
d'armée.

Puisque les prévôtés en campagne ne devaient avoir
elles-mêmes, selon les projets, que le caractère d'une
législation de police, comme les conseils de discipline ;
ce pouvait être, méthodiquement aussi, une première
section de la juridiction militaire sous la tente ; mais
subordonnée toutefois à l'autorité du Roi, sous l'invocation constante de pouvoirs formels, tous responsa-
bles en temps et lieu.

Comme à cela près d'une distribution fondamentale
mieux appropriée aux habitudes de l'intelligence qui

veut progression d'idées et de sensations, plutôt qu'atténuement d'attention et d'intérêt, les dispositions proposées, depuis qu'il s'agit sur tout d'un Code de justice pour les drapeaux de Juillet, n'ont pas laissé, avec leurs reprises en sous œuvre et leurs apparitions et disparitions, le temps d'ouvrir des débats raisonnés sur nombre de circonstances et d'articles plus ou moins importants pour les espèces et les formes; on croit indispensable de les présenter ici dans toutes leurs dépendances mutuelles, avant de passer à l'ensemble d'une loi, qui, selon son titre, devrait, pour comprendre dignement tout le système d'une justice militaire applicable au dedans et au dehors, embrasser de fait une législation sacramentelle, avouée de la société et des armes, et partout parlant à l'honneur, et partout s'adressant à la magnanimité nationale.

Voici les sujets entr'autres sur lesquels on a jusqu'ici passé trop légèrement sans doute :

1°. La dénomination de tribunal doit être adoptée et maintenue partout; attendu que le nom de *Conseils de guerre* fait confusion avec ceux qu'on rassemble ou qu'on tient la veille d'une bataille ou d'un assaut : de plus, le titre de *Conseil* n'appartient pas réellement à une convocation où il ne s'agit pas d'ouvrir des opinions, de donner des avis vagues, rationnels, mais de prononcer DE DROIT sur des délits de FAIT.

2°. L'ancienne composition des conseils de guerre doit être conservée à sept membres; mais il doit y en avoir du grade de l'ACCUSÉ, autre que soldat, au moins *deux*, dans les tribunaux correctionnels; et *trois,* dans les cours martiales; sans quoi, il ne sera pas jugé par *ses pairs*, avec pondération hiérachique.

3°. L'auditeur placé près des tribunaux militaires ne peut être pris, en raison de ses fonctions, toutes d'instruction et de poursuite judiciaire, que parmi les officiers du corps royal de l'état-major, ou les membres de l'Intendance militaire; puisque c'est là qu'on a fait une étude spéciale des lois de la paix et de la guerre, par cours d'école, ou par exercice et par expérience.

4°. *A l'étranger*, un habitant, plus ou moins remarquable, ne peut être convenablement jugé *comme Capitaine*. Il faut aussi des gradations de bienséances sociales; attendu qu'on peut avoir à prononcer sur une haute fortune, un haut rang, une haute naissance. Ce serait le cas ici d'une appréciation personnelle, comme pour les prisonniers de guerre. Cela nous ferait honneur et servirait d'exemple de longanimité.

5°. Dans le cas d'insuffisance de grades compétens pour constituer un tribunal, on n'a pas prévu jusqu'ici ce qu'il en adviendrait : alors il serait sursis, et c'est le cas de le dire formellement, à toute procédure *de fait*, jusqu'au moment d'une composition légale du grade de l'accusé, et *jamais au-dessous*.

6°. L'acte du serment à prêter par les présidens, auditeurs et commissaires du Roi, à leur installation, doit être constaté par un procès-verbal authentique; copies en devraient être inscrites aux registres des tribunaux et jointes aux procédures. Les membres de l'Intendance, appelés par les généraux constituans chaque tribunal, auraient caractère à cet égard, comme pour le serment aux drapeaux.

7°. Le changement de siége d'un tribunal, par ordonnance du Roi, devrait toujours être motivé dans le considérant; sans cela, l'on pourrait avoir à craindre d'autres influences, dans d'autres localités.

8°. Un tribunal d'annulation *sans connaître du fond des affaires*, aurait droit, pourtant, d'examiner avant tout, s'il y avait sujet ou non à procédure; cette investigation naturelle serait une garantie contre une information accordée légèrement ou avec passion.

9°. Quelles sont les attributions des conseils d'annulation, en cas d'excès de pouvoirs ou de procédure mal saisie près des Prévôtés en campagne? Des exemples parlent haut à la mémoire! Oh! c'est là qu'une sauve-garde est à placer, réelle, menaçante.

10°. Il serait trop vague et trop dangereux aussi de dire en cas de siége : *quelle que soit la qualité des personnes prévenues!* Un grand pouvoir civil, administratif ou judiciaire, devrait, hors le cas d'émeute et de révolte, être suspendu, saisi, et mis en sûreté avec égards, pour être traduit au retour de l'état de paix, selon son rang, et ne pas se trouver à la merci, ni d'un grade parfois inférieur, ni d'une exaltation par fois tyrannique. Un capitaine, commandant par événement une place, serait plus qu'un PACHA, puisqu'il composerait les tribunaux d'accusation et d'annulation.

Du reste, dans tous les cas de procédure *sous l'état de siége*, le Comité de défense devrait toujours donner son avis; il y aurait plus de consciences en présence de certains remords.

11°. Pourquoi donc, en fait de témoignages, ne dirait-on pas formellement qu'il y aurait *commission rogatoire* pour les citoyens *empêchés* ou *trop loin*; autrement des procédures militaires pourraient durer beaucoup trop long-temps; les corps s'éloigner, et l'exemple se perdre.

12°. Il serait impardonnable de laisser à un auditeur *seul* la faculté *d'estimer* qu'il n'y a pas lieu à poursuivre; c'est dans ce cas, à coup sûr, que l'officier commandant sur les lieux, et l'Intendant ou Sous-Intendant, devraient être appelés à donner leur avis; ce serait alors pour le général compétent, une consultation en forme, une première chambre d'accusation.

13°. Il devrait être pris acte du serment prêté par les juges de chaque affaire, comme une consignation première toute essentielle dans la procédure et le jugement, afin de l'opposer au besoin, pour le cas de prévarication ou de forfaiture.

14°. Le condamné doit être reconduit en prison *avec égards* : en faire, par ces mots exprès, une sauvegarde contre les passions et un complément de dignité judiciaire.

15°. Jusqu'ici l'on n'a trouvé nulle part que le com-

missaire du Roi pourrait appeler à *maxima* ou *minima*,
et ces cas peuvent néanmoins se présenter ; or, ils
doivent être prévus.

16°. Quand il s'agira, pour les prévôtés en campagne, de peines réellement afflictives, l'autorité d'un
général serait peut-être trop hasardeuse, surtout s'il
avait provoqué lui-même le jugement : Ce serait alors
qu'il conviendrait d'en référer aux tribunaux de guerre.
Ici ce n'est plus de la *police* avec les fers et la mort ;
c'est de la criminalité à l'extrême ; il faudrait donc un
siége plus élevé et plus imposant.

17°. Enfin, puisque les co-accusés présens d'un
contumax, auraient individuellement, pour eux-mêmes, le droit d'appel et toutes les garanties de prévenus
quelconques traduits en personne devant un tribunal ;
il y aurait lieu à consacrer, par un article formel,
cette sauve-garde commune ; les projets de Code l'ont
bien sous-entendu sans doute ; mais dans une loi capitale, ce qui abonde ne vicie pas ; dire *trop*, n'est que
dire *assez*.

Au surplus, ce serait sous des rapports généraux qu'il
y aurait de bien plus hautes considérations à faire ressortir, en ce qui concerne surtout les cours martiales
aux armées, l'influence trop visible des grands pouvoirs au dehors, le déchaînement trop inévitable des
passions ou des violences, au milieu du fracas et des
tumultes de guerre.

Une partie de législation nouvelle qui devrait entr'autres, sous ce rapport, nous élever plus que jamais
aux yeux des nations, serait celle qui touche si violem-
ment au loin, les habitants et les vaincus : il serait
noble, et sans inconvénient, de recevoir désormais, au
milieu d'un tribunal de guerre français, un magistrat
étranger, un commissaire d'armée ennemie, pour entendre l'accusation, prendre acte de l'impartialité, et
reconnaître la justice *du droit des armes*, devant le
respect *du droit des gens*.

On ne peut avoir perdu le souvenir, malheureusement, de ces excès commis par de grands pouvoirs de l'épée, dans le cours d'opérations militaires, à jamais célèbres ; quand des conseils furent institués au dehors pour juger des individus civils ou des prisonniers, plus ou moins respectables; ce fut sans doute l'attribut de la guerre dans toute sa rigueur ; mais lorsqu'on fit passer par les armes, sans formes de procès, les victimes de la violence ou de la misère, ce fut l'arbitraire du plus fort, dans toute sa barbarie.

Combien de représailles aussi de la part du Nord, en 1814 et 1815 !

Alors, que la France, dans son état actuel de régénération civile et militaire, donne au monde de nouveaux exemples de grandeur, et s'en fasse gloire !

Puisqu'aujourd'hui l'élite active des populations se trouve sous les drapeaux par devoir et par honneur, il nous appartient de faire prendre à la législation des armes, le caractère d'une réformation généreuse et toute chevaleresque; c'est à nous d'offrir à l'Europe enfin, le spectacle de guerriers sans haines, et d'ennemis sans reproches.

Oh ! c'est au moment où l'étranger, remis de ses frayeurs, semble prendre plaisir à nous insulter en face, qu'il serait beau de se venger par de pareilles magnanimités.

Il est dans notre propre existence militaire, un point des plus essentiels peut-être à traiter aussi par respect humain, à l'occasion d'un Code martial, noble, généreux; c'est celui d'un vote public sur le principe du grade, et la garantie de sa consécration : un délit seul devrait faire déposer l'épaulette, et seul aussi, un jugement authentique, en publier la punition et le déshonneur.

Ils sont déjà loin de nous ces temps de subversions, où des décrets improvisés faisaient prendre à l'armée toutes les formes des gouvernemens; où des arrêtés occultes, des lettres clandestines, cassaient les généraux et les officiers de tous les rangs; où le pouvoir ne

voulait que des sujets et des esclaves ; alors, avouons ,
sous une dynastie forte des vœux publics , que le grade
est une propriété imprescriptible ; que les services sont
des acquêts impermutables , et qu'on ne peut les com-
promettre ou les perdre, que par un arrêt légal, que
par une condamnation solennelle. (Note J.)

Dès que nous en sommes à manifester des pensées
de redressement , et qu'un Code militaire , présenté
sous les idées les plus élevées et les plus honorables ,
doit aujourd'hui respecter toutes les convenances, toutes les distinctions des rangs et des dignités ; il paraîtra
sans doute bienséant aux Chambres de la législature
nationale , quoique ce soit dans leur propre cause , de
demander des explications sur cette disposition introduite au milieu des défiances et des accusations les plus
vulgaires , pour atteindre aux drapeaux, sans transi-
tion , et par les mêmes voies de compétence, les militaires membres des deux plus illustres magistratures
du royaume.

Déjà , l'opinion publique a fait justice spontanément
d'une pareille incohérence ; elle y a trouvé même quelque chose de l'indignité et de la dégradation de ces
temps où l'on prenait à tâche d'abaisser la grandeur ,
de ravaler le caractère , pour n'avoir qu'un niveau....
la confusion.

A coup sûr , ce n'est pas , on le sait , dans ces Chambres augustes qu'on déclinera l'égalité devant la loi ;
mais c'est là qu'on doit rappeler et maintenir partout
le principe inviolable du jugement *par ses Pairs.*

Ce serait peut-être , à l'occasion de cet oubli de
hautes susceptibilités politiques , qu'il y aurait lieu ,
par élévation aussi de pudeur nationale , à demander
franchement , au nom de l'armée , s'il ne conviendrait
pas , pour plus de garanties et plus d'éclat dans l'inno-
cence ou la culpabilité , d'appeler devant l'aréopage
du Luxembourg , tout haut grade militaire , à partir
du *Lieutenant-Général.* Il faut l'avouer, le spectacle
d'un grand appareil , l'intervention d'une suprême ma-

gistrature, importent beaucoup dans ces circonstances,
où le pouvoir signale, avec rumeur, de grands délits,
où la loi doit atteindre, avec dignité, de grands
coupables.

Au fait, le moment est venu, pour ne ressembler
plus en rien aux temps de nos troubles et de nos op-
pressions, de nos égaremens et de nos désastres, de
renoncer à faire juger à l'intérieur, ou sous la tente,
en présence de rivaux ou d'amis, les grandes accusations de délits et de crimes militaires : il y aurait pour
les armes, moins d'agitations et d'inquiétudes ; on
éviterait, avec les extraditions possibles, avec le calme,
avec l'impassibilité des hautes Cours actuelles de l'État,
les partis et les divisions, les ressentimens et les offen-
ses ; chacun, à la caserne, à l'armée, resterait attentif
à son poste sans influence ; chacun, devant l'arrêt sou-
verain, notifié aux drapeaux, se tiendrait calme, sans
secousse, et ferait son devoir avec un nouvel orgueil.

Voilà d'assez importantes observations à développer,
sans doute ; mais il y en aurait quelques autres encore
non moins essentielles à soumettre par entraînement et
par respect social ; s'il s'agissait dès aujourd'hui,
d'entrer en discussion sur un Code de jurisprudence
militaire, bien mûri et complet.

Le ministère, jusqu'ici, en a fait lui-même l'aveu ;
la partie la plus essentielle de ce grand Code est restée
en arrière, et par conséquent inconnue : on forme des
tribunaux d'armes par ressorts, on les constitue par
espèce dans leur compétence ; et leur législation exé-
cutive est au travail, à l'élaboration : ainsi rien n'a été
présenté réellement, dans l'intérêt le plus puissant de
l'honneur militaire et de l'existence aux drapeaux ;
on ne connaît ni la nature, ni la portée des peines de
discipline ; ni la rigueur, ni le terme des peines cor-
rectionnelles ; ni l'espèce, ni l'immutabilité des peines
afflictives et infamantes.

Cependant, il sera question, pour l'armée nationale,
pour l'armée la plus droite, la plus exemplaire, de

prisons, de cachots, d'amendes, d'ateliers publics, de
destitutions, de chaînes, de boulets, de dégradations,
de travaux forcés, à temps, à perpétuité; enfin presque
partout pour elle, il s'agira de *mort*.

Lorsqu'il faudra porter l'examen dans ces complica-
tions de sévérités et de rigueurs dernières, c'est alors
que de hautes Chambres, le refuge de tous les intérêts,
le sanctuaire de tous les droits, auront nécessairement
à donner un recueillement religieux à leurs méditations;
c'est alors aussi, que toute la magnanimité de leurs
pensées, que toute l'élévation de leurs maximes publi-
ques, ressortiront plus que jamais en faveur de cette
population, vouée au service du pays, à condition de
subir, par spécialité d'état, les redoublemens de sujétions, les déploiemens de peines et de châtimens, les
plus multipliés, les plus imprescriptibles, les plus
redoutables.

Ah! c'est au moment de cette discussion nouvelle,
si capitale, que chacun, sans doute, ressentira plus
vivement ce que l'état actuel de la civilisation, ce
que le caractère présent des armes françaises, exigent
désormais d'une législation honorable; c'est à cet égard
sans doute aussi que rien ne devra ressembler, pour la
plupart des répressions militaires de nos jours, aux
souvenirs des excès, à la tradition des bassesses des
troupes stipendiées; que partout, au contraire, on
devra reconnaître et ménager l'amour-propre de corps
nationaux, la susceptibilité de soldats et d'officiers,
sujets émules de la loi, devant l'opinion et le sou-
verain.

Effectivement, c'est aujourd'hui qu'il faut bien peu
de choses de ces menaces déshonorantes, de ces
rigueurs monstrueuses d'autrefois, pour contenir le
respect et l'amour du drapeau, pour consacrer la
vaillance et le dévouement! C'est à présent que l'esprit
national de corps réguliers, que le sentiment commun
du devoir et l'orgueil enthousiaste de la discipline, ne
laissent plus de passage à ces idées de désordres qui

tourmentèrent si souvent les organisations des vieilles bandes de guerre. (Note K.)

S'il fallait, en effet, rapporter des exemples; l'Europe a devant elle encore, présentes aux plus beaux souvenirs, les grandes masses triomphales de Jemmapes, de Wattignies, de Castiglione, de Hohenlinden, et d'Austerlitz.

C'est donc avec de pareilles garanties qu'on peut de ce moment épurer sans danger la partie criminelle d'un Code militaire français, y faire dominer les pensées d'élévation guerrière, y proscrire des punitions honteuses, y rendre la dignité au soldat, et partout, avec la rigueur de la loi commune, y placer la longanimité nationale.

Il est une disposition surtout qui, pour être rare, mérite certainement une attention particulière : c'est le cas de désertion.

A ce sujet, comme pour bien d'autres, que la France, encore une fois, ne craigne point désormais d'être grande et supérieure ! C'est dans l'ordre des peuples et de la civilisation, son partage et son rôle.

L'espèce de la désertion à l'intérieur ou à l'ennemi ne doit avoir à présent aucun rapprochement réel : l'une peut être considérée, à la rigueur, comme une lâcheté, quand l'autre doit toujours être une forfaiture, un crime.

Alors que la vaillance, en jugeant la lâcheté, soit noble et fière; qu'elle la condamne, en place d'amendes illusoires et d'emprisonnemens onéreux, à porter ostensiblement, au sein des populations, un signe évident de réprobation; c'est assez !

Que l'honneur, en présence du crime et de la forfaiture, conserve toute sa sévérité, toute son indignation, et prononce toujours les fers ou la mort; ce n'est pas trop !

Dorénavant, il faudra se rendre à cette évidence ; l'exécution d'un traître ne parle qu'un instant à la pensée; l'exemple n'a de rigueur réelle qu'au moment, tandis que ce serait bien une autre impression, au milieu d'une nation valeureuse, héroïque, si la vue d'un costume prescrit et maintenu pour la pusillanimité, en ne cessant de frapper les regards, ne cessait d'y troubler la conscience et les idées d'imitation ; bientôt alors, pour cacher leur honte, le plus timide et le plus coupable iraient se faire tuer en braves.

Une chose encore qui semble, aujourd'hui, l'anomalie la plus incroyable, avec nos redressemens d'ordre social, avec nos habitudes nouvelles de respect humain ; c'est l'insensibilité et la sécheresse d'ame dont on fait preuve, sans remords et presque avec le contentement du devoir, en condamnant chaque jour un jeune soldat d'appel, parce qu'il est transi au mot de *guerre*, parce qu'il est impropre moralement au service des armes, et souvent même, parce qu'il est l'unique soutien de sa famille : on lui fait l'application de lois qui, par la raison de son inaptitude naturelle ou de sa piété filiale, le vouent à l'infamie des compagnies de discipline, ou des ateliers publics.

Il y a, ici, dégradation de sévérité et de justice : on confond la faiblesse avec l'effronterie, l'incapacité avec les déportemens, la bienfaisance et la vertu, avec l'audace et le crime.

La partie pénale des retardataires et des insoumis, dans les cas d'appels aux drapeaux, demande donc une révision généreuse et d'autres répressions plus sociales : qu'on y réfléchisse ; la France le désire, le siècle l'exige.

On arrête là le besoin d'expliquer quelques autres sensations d'honneur et d'humanité qu'inspire encore nécessairement une loi fondamentale de jurisprudence militaire française.

Ainsi, l'on ne demande pas, quoiqu'il y ait l'intérêt d'une omission effrayante à l'égard de l'armée ; pourquoi tout travail ministériel n'a rien stipulé jusqu'ici pour les *dénis de justice, les excès de pouvoir, les abus d'autorité*, si terribles, si irréparables, dans

l'exercice des fonctions judiciaires, à l'intérieur et hors
du territoire.

Pourquoi tout justiciable des drapeaux, ou ses
ayant-cause, n'aurait pas le droit de poursuite en
redressemens, en réparations, en dommages-intérêts?

Pourquoi *la prise à partie* serait rejetée du Code
militaire, tandis que c'est là forcément qu'elle devrait
se consacrer par un appel toujours ouvert et libre,
contre l'oppression et la violence; que c'est là, plus
positivement, qu'il devrait, à cause de mille circonstances extraordinaires, y avoir recours, en tous
temps, et près des Ministres, et près des Chambres, et
jusqu'aux pieds du Trône.

Ah! c'est loin du sol surtout que la justice des
armes, placée dans de hautes mains, prend trop
souvent, sous l'effervescence des passions, le caractère
terrible de la foudre : elle a, comme le tonnerre,
grondé à peine, que déjà ses victimes n'ont plus d'abri
et sont en poussière. (Note L.)

En définitive, comme ce n'est pas l'armée elle-
même qui se présente devant les grands Conseils de
l'Etat, empressée, exigeante ; comme à toutes les
époques de ses plus hauts intérêts, la France et
l'Europe la virent toujours patiente dans ses vœux,
toujours impassible dans son attente ; il y aurait donc
du respect pour ses droits, et de la sûreté même pour
ses garanties, à suspendre, de nouveau, la discussion
de tout Code militaire, pour n'aborder décidément
cette haute espèce de législation qu'avec tous les
élémens d'étude et de recueillement qui doivent
consacrer, désormais, un pacte de volonté nationale,
où, sans les appeler, sans les entendre, on stipulera
pourtant, contre les armes, non seulement de devoirs
et de sujétions extrêmes, au sein de la paix et de la
famille ; mais encore de l'existence et de l'honneur, au
milieu des champs de la désolation et de la mort.
(Note M.)

C'est avec reconnaissance, aussi, qu'on a vu,

l'année dernière, la Chambre haute du Luxembourg proposer un sursis à toute délibération jusqu'à la remise d'un travail complet et d'accord en tout avec cette conscience publique, attentive, tutélaire, qui, jusqu'à ce jour, en prenant près du Trône, la cause de l'armée, n'a voulu et ne peut vouloir encore, pour elle, que des institutions en harmonie avec la dignité des drapeaux et de la couronne, avec la protection de la loi et de la patrie.

Cependant, voilà qu'on propose une loi d'exception civile et militaire, en quelques articles, et qu'on s'enfonce encore plus hasardeusement dans le provisoire.

Oh ! quelles que soient les surprises ou les nécessités des événemens, on aurait tort de vouloir faire, en un instant et par jets, des choses à durer toujours comme masses homogènes et immuables.

C'est l'argile qui se manie en petit et se façonne à la hâte; ce n'est pas le granit, ce n'est pas l'airain.

Néanmoins, dès ce moment, les Conseils de l'État doivent prendre l'éveil et se mettre, sans plus, nuit et jour au travail.

Des fusées incendiaires s'élèvent, depuis quelque temps, du sein des populations et de l'armée, près à la fois de s'ouvrir en volcans.

Alors, puisqu'il s'agit visiblement de *droits* et de *plaintes*, en conflagration bouillonnante, qu'on se garde bien, pour accourir et faire la part au feu, d'attendre la GÉNÉRALE ou le TOCSIN.

NOTES.

A. — Page 2.

La Charte constitutionnelle de 1814 a consacré le principe d'une législation spéciale pour l'armée, et tous les pactes de volonté nationale antérieurs lui assuraient des réglemens à part, avec la même solennité.

Constitution du 14 Septembre 1791, dite Monarchique.
— 24 Juin 1793, — Révolutionnaire.
— 22 Août 1795; — de l'an III.
— 13 Décembre 1799, — de l'an VIII.

B. — Page 3.

Depuis la Révolution, toutes les lois sur le recrutement de l'armée ont été impitoyables pour l'existence des familles, sans distinction d'époques et de gouvernemens.

APPELS AUX ARMES.

Monarchie.	Décret.	25 Mars	1791.	
	—	20 Avril	1791.	
	—	21 Juin	1791.	
	—	3 Juill.	1791.	
	—	9 d^o	1791.	
	—	22 d^o	1791.	
	—	29 d^o	1791.	1,270,000 hommes.
	—	12 Août	1791.	
	Loi ..	18 d^o	1791.	
	—	13 Nov.	1791.	
	Décret.	3 Fév.	1792.	
	Loi ..	1 Mai	1792.	
	Décret.	6 d^o	1792.	
	—	19 Juin	1792.	
Assemblées.	Instruct.	8 Mars	1793.	
	Décret.	30 Avril	1793.	
	—	9 Mai	1793.	
	—	30 d^o	1793.	5,992,000.
	—	25 Juill.	1793.	
	—	23 Août	1793.	
Directoire.	Loi...	5 Sept.	1798.	
	—	17 Avril	1799.	860,000.
	—	28 Juin	1799.	

A reporter... 8,122,000 hommes.

Report. . .   8,122,000 hommes.

Consulat. . .	Loi . . 12 Nov. 1799. — 8 Mars 1800. — 18 Mai 1802. — 14 Mars 1803. — 26 Avril 1803. — 24 Mars 1804.	443,000.
Empire . . ,	Décret. 5 Août 1804. Loi. . . 17 Janv. 1805. S. cons. de 1805 à 1814.	5,865,000.
Restauration.	Loi. . . 10 Mars 1818. —— Année par année, jusqu'au 28 Juill. 1830.	622,000.
Révolution de Juillet . .	Loi. . . 11 Déc. 1830. — 8 Fév. 1832. — 12 Avril 1833. — 5 Mai 1834. — 26 Juin 1835. — 5 Juill. 1836.	480,000.

Masse des Appels. . . 13,532,000 hommes.

C. — Page 5.

Voici les altérations que subit le régime de la discipline dès 1789, sous l'influence d'un esprit patriotique, réformateur des anciennes ordonnances militaires :

Ordonnances. . 14 Aout 1789. — Amnistie pour absences sans permissions.
Lettres patentes. 7 Mars 1790. — Sursis à tous jugemens prévotaux.
— 3 Avr. 1790. — Élargissemens, protections civiles.
Décret. . . . . . 15 Sept. 1791. — Nouvelle amnistie et remise de peines.
Loi. . . . . . . 6 Oct. 1791. — Code pénal militaire et juridiction.
Décret. . . . . . 12 Fév. 1792. — Proclamations d'amnistie et de pardons.

D. — Page 6.

Les lois et tribunaux qui vinrent empiéter alors sur la juridiction des armes et la consécration solennelle de leur régime, furent :

Loi. . 21 Avr. 1792. — Haute cour nationale d'Orléans.
Décret. 16 Mai 1792. — Etablissement d'une cour martiale.
Loi. . . 17 Août 1792. — Tribunal criminel du 10 août ;
— 29 — 1792. — Sur les attroupemens et les arrestations ;
— 4.-27 Oct. 1792. — Appel à la barre des généraux Duhoux et Lanoue.

Loi. . . 9 Nov. 1792. — Acte d'accusation contre Montesquiou, général
en chef.
— 10 Mars 1793. — Création du tribunal revolutionnaire ;
Décret. 4 Avr. 1793. — Appel à la barre des généraux Valence,
Egalité, etc. ;
— 28 Août 1793. — Exécution du général Custines, du général
Houchard.
Loi. . . 5 Oct. 1793. — Formation de tribunaux criminels ;
— 12 — 1793. — Commissions extraordinaires ;
— 26 Mars 1794. — Point de prisonniers anglais et hanovriens.

E. — Page 7.

Sous le Directoire, on vit le gouvernement des Conseils de l'Etat,
prendre ou sanctionner, contre l'armée, les mesures exceptionnelles les
plus opposées :

Loi. 1.-15 Vend., an IV. — Jugement des rebelles, séditieux, etc ;
— 2 Brum., an IV. — Etablissement du tribunal de cassation ;
— 5 — an IV. — Code des délits et des peines ;
— 12 Niv., an IV. — Création du ministère de la police ;
— 17 Vent., an IV. — Rigueurs envers les parents d'émigrés en
service ;
Instr. . 18 Prair., an IV. — Formes, rédactions des jugemens ;
Loi. . . 22 Mess., an IV. — Fixation de compétence des conseils de
guerre ;
— 18 Fruct., an IV. — Révision des jugemens et recours ;
— 15 Brum., an V. — Manière de procéder pour délits militaires;
— 21 — an V. — Code des délits et des peines ;
Rapp. . 14 Pluv., an V. — Le Ministre de la justice sur la compétence;
Loi. . . 4 Fruct., an V. — Jugemens et procédures pour délits militaires,
— 18 — an V. — Discussions, troubles, déportations ;
— 19 — an V. — Mesures de salut public.
— 18 Vend., an VI. — Etablissemens de conseils permanents de
révision ;
— 15 Brum., an VI. — Législation nouvelle et rigoureuse ;
Arrêt. . 8 Frim., an VI. — Formules et modèles d'actes ;
Loi. . . 29 Niv., an VI. — Sûreté et protection des routes ;
— 29 Prair., an VI. — Annullations et nouvelles instructions ;
— 27 Fruct., an VI. — Attribution des Conseils de guerre et de
révision ;
— 30 Prair., an VII. — Discussions, violences, excès de pouvoirs ;
— 24 Mess., an VII. — Institution des otages dans les familles.

F. — Page 8.

Si le Consulat parut d'abord protéger tous les droits, on sut malheureusement trop tard à quoi s'en tenir sur les intentions réelles de ce
gouvernement, en travail sourd d'ambition.

Principes avoués solennellement.

Loi. . 22 Brum., an VIII. — Abrogation de la loi des otages ;

Loi. . 18 Frim., an VIII. — Relachement d'émigrés, etc. ;
Arrêt. 14 Vent., an VIII. — Amnistie dans l'Ouest ;
Avis . 28 Prair., an VIII. — Explication de la législation militaire ;
Arret. 25 Ther., an VIII. — Amnistie pour les départemens, hors la
                                 Constitution ;
Décis. 12 Vent., an IX. — Solutions sur les recours et leurs suites ;
Arrêt. 15 — an IX. — Répression de l'usurpation judiciaire ;
   —   15 Vend., an X. — Dispositions sur les contumaces ;
   —   2 Frim., an XII. — Amnisties, proclamations, etc..

Atteintes aux droits, aux garanties.

Arrêt. 3. - 5 Brum. an IX. — Commissaires-généraux de police ;
   —   4 Pluv. an IX. — Création de tribunaux spéciaux ;
Décis.   27 Flor., an XI. — Les militaires en sont justiciables ;
Arrêt.   19 Vend., an XII. — Formations de commissions extra-légales.

Actes d'autorité suprême.

Lettre au général Latour-Foissac, portant infamie ;
Exécution de Frotté, malgré la capitulation de l'Ouest ;
Jugemens influencés de Moreau et de Pichegru ;
Mise à mort du duc d'Enghien, à huis-clos, etc.

G. — Page 9.

Quand l'Empire mit en évidence tant de gloire et d'illustration, on le
vit chaque jour plus occupé, plus jaloux aussi de mépriser ou de mé-
connaître les droits d'une armée, cause première de sa puissance et
dernière ressource de ses catastrophes :

Décret . 17 Mes., an XII. — Commissions spéciales d'armes ;
Circul. . 24 Niv., an XIII. — Concours d'agens de police dans les places ;
Avis. . 15 Prair., an XIII. — Jugemens contre les parens de conscrits ;
   —   26 Fruct., an XIII. — Procédures à la charge des familles ;
Décret . 17 Frim., an XIV. — Formation de commissions militaires ;
Instruct. 11 Janvier 1807. — Amendes, poursuites, expropriations ;
Décret . 16 Mars 1807. — Détention de militaires aux bagnes ;
   —   28 Février 1809. — Jugemens solidaires des familles ;
Circul. . 14 Juillet 1809. — Condamnation des pères pour les fils ;
Décret . 3 Mars 1810. — Prisons d'état, régime absolu ;
   —   25 Mars 1811. — Organisation de la police générale.

H. — Page 9.

La Restauration dont la charte octroyée devait être le retour des lois
de sûreté et de garantie pour toutes les classes, devint, pour l'armée,
l'époque la plus turbulente et peut-être la plus déplorable, après
1793.

Ordonn.   6 Mars 1815. — Mesures de sûreté générale ;
           25.-26 Juin 1815. — Déchaînemens et massacres à Marseille ;
Ordonn.   24 Juill. 1815. — Arrestation, déportation de généraux,
                                 d'officiers, etc.

2 Août 1815. — Assassinat du maréchal Brune, à Avignon ;
17 Août 1815. —   —   du général Ramel, à Toulouse ;
12 Nov. 1815. —   —   du général La Garde, à Nismes ;
Loi. . . . . 20 Déc. 1815. — Cours prévôtales par départemens ;
Ordonn. . . 17 Janv. 1816. — Formation de listes d'accusations et de
proscriptions.
4 Mai 1816. — Insurrections près de Grenoble ;
8 Juin 1817. — Sévérités et exécutions à Lyon ;
.... 1818. - 1819. — Infamies de guet-apens à Colmar, etc.

I. — Page 10.

Tous les principes qu'on a rapportés sont consacrés, en effet, par les
ordonnances de Louis XVI, par la législation de la Constituante et les
rapports du Comité de la guerre.

Ordonnance. . 10 Août 1789. — Distinctions de pouvoirs civils et militaires ;
Loi. . . . . . 1 Juin 1790. — Incompétence des administrations pu-
bliques ;
Let. patentes. 27 — 1790. — Incompatibilité de fonctions ;
Proclamations. 20 Août 1790. — Action limitée des corps administratifs ;
—   20 Sept. 1790. — Point de communication avec les troupes ;
—   23 Oct. 1790. — Limitation de pouvoirs civils ;
Loi. . . . . . 25 Juill. 1791. — Rapports de l'armée avec les autorités :
—   15 Août 1791. — Limites des administrations, civiles,
municipales, judiciaires ;
Code. . . . . 30 Sept. 1791. — Manifestations de principes ;
Loi. . . . . . 6 Oct. 1791. — Application de la jurisprudence des
armes ;
Décrêt. . . . 8 Mai 1792. — Respect à la personne, à l'honneur des
militaires.

J. — Page 18.

Les renvois, les destitutions et les délaissemens les plus remarquables,
par leur éclat et leur caractère haineux ou despotique, tombèrent,
savoir :

SOUS LE DIRECTOIRE.	Sur Moreau, Joubert, Championnet, Bonaparte, Hoche, Jourdan, Kléber, Souham, Dessoles, Dumas ;
SOUS LE CONSULAT.	Sur Dumas, Le Courbe, Simon, Moreau, Jourdan, Duhesmes, Delmas, Souham, Fressinet, Barras, Lafayette ;
SOUS L'EMPIRE.	Sur Carnot, Jourdan, Dessoles, Gouvion St.-Cyr, Carion de Nisas, d'Aure, Damas, Le Courbe, Brune ;
SOUS LA RESTAURATION.	Sur le maréchal Soult, les généraux Lamarque, Excelmans, Clausel, Gérard, Drouot.... et le colonel Simon-Lorière.

K. — Page 21.

Pour donner l'idée des rigueurs aux quelles les armes sont soumises impitoyablement, il ne faut que jeter les yeux sur la nomenclature des peines suivantes, appliquées jusqu'à ce jour à tous les rangs militaires, au milieu de populations, fières de leurs sûretés et de leurs garanties :

Abandon de son poste et pillage.	Fers, 5 ans.
— voitures.	Mort.
Absence à la générale. · . . . . . . , .	Prison . 1 mois.
— par récidive.	— 6 mois.
— pour 3e. fois.	Fers, 2 ans.
— en marche à l'ennemi.	— 2 ans.
Assassinat pour fuir.	Mort.
Attroupement (chef d').	Mort.
— (auteur d').	Mort.
Bons fabriqués.	Fers, 5 ans.
Changement de consigne.	Prison, 6 mois.
Clameurs séditieuses (chef-auteur).	Mort.
Complot de désertion.	Mort.
Congé falsifié.	Fers, 5 ans.
Consigne changée.	Prison, 6 mois.
— fausse compromettant.	Mort.
— forcée à l'armée.	Fers, 10 ans.
— non exécutée à l'ennemi.	— 2 ans.
Correspondance à l'ennemi. , ...	Mort.
Dépouillement d'un mort.	Fers, 5 ans.
— d'un vivant.	— 10 ans.
Désertion à l'intérieur.	Trav. pub., 3 ans.
— avec récidive.	Mort.
— de l'armée.	Trav. pub., 5 ans.
— d'une place de 1re. ligne.	— 5 ans.
— d'un suppléant	Boulet, 5 ans.
— de service.	Trav. pub., 5 ans.
— avec effets des camarades.	Boulet, 10 ans.
— avec ceux du corps.	Trav. pub., 5 ans.
— à l'ennemi.	Mort.
— à l'étranger.	Boulet, 10 ans.
— par récidive.	Mort.
— après amnistie.	Mort.
— après grâce.	Mort.
— avec armes à feu.	Mort.
— des travaux publics.	Boulet, 10 ans.
— du chef de complot.	Mort.
— en faction.	Mort.
Désobéissance combinée.	Mort.
— à son supérieur.	Prison, 1 an.
— d'une troupe (chef). . . .	Fers, 10 ans.
— en face de l'ennemi.	Mort.
Distraction d'habillement.	Fers, 5 ans.

Double paie.	Destitution, amende.
Embauchage.	Mort.
Enclouage de canons.	Mort.
Enlèvement d'un détenu.	Fers, 3 ans.
Enrôlement double.	— 5 ans.
Espionnage.	Mort
Évasion de prisonniers de guerre (auteurs et complices).	Fers, 6 ans.
Falsification de consigne.	Mort.
Fauteur de désertion.	Prison, 1 an.
Faux témoignage grave.	Mort.
— certificat de maladie.	Fers, 2 ans.
Fraude chez un habitant.	Prison, 3 mois.
— avec menaces.	— 6 mois.
— avec voies de fait.	Fers, 2 ans.
Fuite de prisonniers de guerre.	—. 6 ans.
Incendie.	Mort.
Infidélité de poids.	Fers, 2 ans.
— d'états de troupe.	— 5 ans.
Inscription sous un faux nom.	— 5 ans.
Insulte à une sentinelle.	Prison, 2 ans.
— avec voies de fait.	Mort.
— à son supérieur.	Fers, 5 ans.
— a son supérieur, avec voies de fait.	Mort.
Lâcheté à l'ennemi.	Mort.
— avec abandon d'armes.	Fers, 3 ans.
Manque à sa consigne à l'ennemi.	— 2 ans.
Maraude.	Exposition.
— avec récidive.	Fers, 5 ans.
— d'une troupe armée.	— 8 ans.
Menaces du subordonné.	— 5 ans.
— avec voies de fait.	Mort.
Mises en gage d'effets.	Fers, 5 ans.
Mutinerie de prisonniers de guerre.	Mort.
Pillage à main armée.	Mort.
Réception de déserteur après la retraite.	Mort.
Refus d'emploi de la force.	Prison, 3 mois.
— de marcher à l'ennemi.	Mort.
Résistance de prisonniers de guerre.	Mort.
Révélation du mot d'ordre.	Mort.
Service contre la France	Mort.
Sommeil en faction.	Fers, 2 ans.
Substitution de nom.	— 5 ans.
Trahison.	Mort.
Tambour passant les avant-postes sans ordre.	Mort.
Vente d'armes, d'habits.	Fers, 5 ans.
Viol.	— 8 ans.
— d'une fille de moins de 14 ans.	— 12 ans.
— suivi de mort.	Mort.
Violation de consigne.	Fers, 10 ans.

Vol chez son hôte. . . . . Fers, 10 ans.
— envers ses camarades. . . . . — 6 ans.
— de poudres, munitions. . . . . — 3 ans.
— par augmentation d'effectif. . . . . . — 3 ans.
— de fournitures . . . . — 3 ans.
— d'effets de la caserne. . . . . . . — 3 ans.

L. — Page 23.

On hésite pour remettre en mémoire quelques traits de despotisme oriental, exercé, loin de la France et sous les yeux d'armées généreuses, sans recours avec leurs baïonnettes :

En Égypte, sous Menou, on a déporté sans menace, sans procédure ;

A St.-Domingue, sous Rochambeau, on a destitué, traduit, embarqué, fusillé et noyé, sans honte, sans pudeur ;

A Dresde, à Vasorvie, Madrid et Rome, on a pris des soldats et des habitants, sur place, et fait, disait-on, des exemples.

M. — Page 23.

Au fait, l'armée, dans ce moment, est encore toute impassible ; cependant elle est sous le coup de hautes discussions. Depuis douze ans, on la juge, on la comprime, avec une législation de guerre qui devait disparaître à la paix ; et, malgré tout, elle se tait, et sert avec dévouement : elle marche et fait son devoir sans se plaindre : qu'on trouve des classes sociales, plus calmes, plus dociles, plus confiantes !

Imp. de LESNE-DALOIN et FILS, lib., à Cambrai (22 Février 1837).

AUX CHAMBRES.

Depuis 1817 , on tient tout prêt un Code complet de Justice militaire, que le maréchal St.-Cyr, dans les communications intimes de son cabinet, avait accueilli hautement....

VOILA VINGT ANS !

A chaque changement de Ministre, après lui, on en a proposé l'examen; et Dieu sait alors combien de fois....

POINT DE RÉPONSES !

Encore aujourd'hui, le moyen désespéré de faire connaître un travail d'aussi haute portée, c'est de le publier à ses propres frais....

SOIT FAIT AINSI !

Mais définitivement, dans ces cas si communs d'incurie ou d'inhabileté de la part de quelques pouvoirs : à qui l'initiative de grandes et de nobles résolutions ?...

AUX CHAMBRES !

9 782014 025347